ET SI VOUS COMMENCIEZ AVEC 30 EUROS ?

UN GUIDE PRATIQUE POUR L'ENTREPRENEURIAT ET L'INVESTISSEMENT

TABLE DES MATIÈRES

PRÉFACE

UN AVENIR ENTREPRENEUR À PORTÉE DE MAIN

Chers lecteurs,

Combien de fois avez-vous rêvé de devenir votre propre patron, de suivre vos passions et de construire une entreprise prospère, seulement pour vous retrouver face à un obstacle insurmontable : un budget limité ? L'entrepreneuriat peut sembler intimidant lorsque l'on pense aux investissements nécessaires pour démarrer une entreprise. Mais que diriez-vous si je vous disais que vous pourriez réaliser vos rêves avec seulement 30 euros en poche ?

Dans ce livre, nous avons rassemblé une collection de dix modèles d'entreprise et d'investissements détaillés qui peuvent être lancés avec un capital initial minime. Notre objectif est de vous montrer que l'entrepreneuriat et l'investissement ne sont pas réservés aux riches et que vous pouvez bâtir votre propre succès même avec des ressources limitées.

Ce livre est destiné à tous ceux qui aspirent à un avenir plus radieux, à ceux qui ont soif de liberté et d'indépendance financière. Que vous soyez un étudiant ambitieux à la recherche d'une source de revenus supplémentaire, un employé désireux de lancer une entreprise à temps partiel, ou tout simplement quelqu'un qui souhaite exploiter son plein potentiel, vous trouverez ici une mine d'informations pour vous guider sur le chemin de l'entrepreneuriat réussi.

Nous avons minutieusement sélectionné et détaillé ces dix modèles d'entreprise afin de vous offrir une diversité d'options, adaptées à vos intérêts, compétences et ressources. Du commerce en ligne à la création de contenu, de la prestation de services à la location de biens, nous vous présentons des idées concrètes et éprouvées pour vous lancer avec succès.

Au fil des pages, vous découvrirez comment investir intelligemment vos 30 euros, comment faire croître votre entreprise avec peu de ressources et comment surmonter les défis financiers auxquels vous pourriez être confronté. Nous vous fournirons des conseils pratiques, des astuces pour économiser de l'argent et des outils pour développer vos compétences entrepreneuriales.

Ce livre n'est pas seulement un guide, c'est une invitation à l'action. Nous voulons que vous passiez de la théorie à la pratique, que vous preniez le contrôle de votre destin et que vous commenciez à transformer votre vie dès maintenant. Ne sous-estimez jamais le pouvoir des petites étincelles, car elles peuvent allumer un feu qui illuminera votre parcours entrepreneurial.

Alors, êtes-vous prêt à saisir cette opportunité ? Êtes-vous prêt à défier les idées reçues, à repousser les limites et à réaliser vos aspirations entrepreneuriales, même avec un budget limité ? Si oui, alors ce livre est fait pour vous.

Nous croyons en vous et en votre potentiel illimité. Rejoignez-nous dans cette aventure passionnante et préparez-vous à voir vos rêves se réaliser. Car il est temps de dire adieu aux excuses et de dire bonjour à un avenir entrepreneurial prometteur.

Bienvenue dans le monde de l'entrepreneuriat accessible à tous.

Bon voyage !

Pourquoi vous devez absolument lire ce livre et le pratiquer ?

Vous tenez entre vos mains un livre qui peut changer le cours de votre vie. "Et si vous commenciez avec 30 euros ?" est bien plus qu'un simple guide sur l'entrepreneuriat avec un budget limité. C'est un appel à l'action, une opportunité unique de prendre le contrôle de votre destin et de réaliser vos aspirations entrepreneuriales, quelles que soient vos ressources financières.

Voici pourquoi vous devez absolument lire ce livre et l'appliquer :

1. Accessibilité : Ce livre vous montre qu'il est possible de se lancer dans l'entrepreneuriat même avec des moyens limités. Il brise le mythe selon lequel seuls les riches peuvent réussir en affaires, et ouvre une porte vers un monde d'opportunités pour tous.

2. Diversité des modèles d'entreprise : Vous découvrirez dix modèles d'entreprise détaillés, chacun offrant des possibilités uniques de croissance et de succès. Que vous soyez intéressé par le commerce en ligne, la création

de contenu, les services de conseil ou autre chose, vous trouverez une option qui correspond à vos intérêts et compétences.

3. Économie d'argent : Ce livre vous enseignera comment investir intelligemment vos 30 euros initiaux, comment économiser de l'argent dans le processus et comment optimiser vos ressources pour maximiser vos chances de réussite.

4. Conseils pratiques : Vous bénéficierez de conseils pratiques et d'astuces éprouvées pour développer votre entreprise avec un budget limité. Des stratégies de marketing abordables aux ressources gratuites ou à faible coût pour développer vos compétences, vous disposerez d'un ensemble complet d'outils pour réussir.

5. Inspiration et motivation : À travers des histoires inspirantes d'entrepreneurs ayant commencé avec peu de moyens, vous serez encouragé et motivé à poursuivre vos propres rêves entrepreneuriaux. Ce livre vous montrera que tout est possible si vous avez la volonté et la détermination nécessaires.

6. Passage à l'action : "Et si vous commenciez avec 30 euros ?" est conçu pour vous aider à

passer de la théorie à la pratique. Vous serez guidé étape par étape dans la mise en œuvre de votre idée d'entreprise, avec des conseils concrets pour surmonter les obstacles et relever les défis qui se présenteront.

7. Liberté et indépendance financière : En appliquant les enseignements de ce livre, vous pourrez créer une source de revenus supplémentaire, vous libérer des contraintes financières et prendre en main votre avenir. Vous pourrez vivre une vie plus libre, où vous êtes le maître de votre destin.

Ne laissez pas vos ressources limitées vous empêcher de réaliser vos rêves entrepreneuriaux. "Et si vous commenciez avec 30 euros ?" est votre guide pratique vers une nouvelle réalité. Prenez ce livre comme un compagnon de route, un mentor qui vous guidera vers le succès et l'épanouissement personnel.

N'attendez pas une seconde de plus pour vous lancer dans cette aventure. Vous avez déjà le premier ingrédient nécessaire pour réussir : votre désir ardent de changer votre vie. Maintenant, c'est à vous de jouer. Lisez ce livre, absorbez ses enseignements et appliquez-les avec détermination.

Votre avenir entrepreneurial commence ici ! Préparez-vous à créer votre propre succès et à ouvrir les portes d'une vie meilleure.

Chapitre 1 : Les bases de l'entrepreneuriat avec un budget limité

L'entrepreneuriat est souvent associé à des investissements importants, des prêts bancaires et des capitaux-risqueurs. Cependant, nous vous invitons à changer votre perspective et à découvrir les opportunités qui existent lorsque vous disposez d'un budget modeste. La vérité est que vous n'avez pas besoin de sommes astronomiques pour démarrer votre entreprise.

Dans ce chapitre, nous allons explorer les principes fondamentaux de l'entrepreneuriat avec un budget limité. Nous aborderons des sujets tels que la gestion des ressources, l'optimisation des dépenses, la créativité et l'adaptabilité. Ces éléments clés vous permettront de tirer le meilleur parti de vos 30 euros initiaux et de construire une entreprise solide et rentable.

Nous commencerons par vous guider dans l'évaluation de vos compétences, de vos intérêts et de vos ressources existantes. La connaissance de vos forces et de vos limitations vous aidera à identifier les opportunités qui sont les mieux adaptées à vos capacités et à vos objectifs. Nous vous encouragerons à exploiter votre créativité pour trouver des solutions innovantes qui ne nécessitent pas de dépenses excessives.

Ensuite, nous vous présenterons des stratégies efficaces pour gérer vos ressources financières avec prudence et intelligence. Vous découvrirez comment établir un budget réaliste, comment économiser sur les dépenses inutiles et comment optimiser chaque euro investi. Nous vous prodiguerons également des conseils pratiques pour trouver des sources de financement alternatives et des partenariats stratégiques pour soutenir votre entreprise.

Enfin, nous aborderons l'importance de l'adaptabilité et de l'apprentissage continu dans un environnement entrepreneurial avec des ressources limitées. Nous vivons dans un monde en constante évolution, et il est essentiel d'être capable de s'adapter rapidement aux changements et d'apprendre de nouvelles compétences pour rester compétitif. Nous vous fournirons des ressources et des outils pour développer vos compétences entrepreneuriales et rester à jour dans votre secteur d'activité.

Ce premier chapitre est une étape cruciale dans votre parcours entrepreneurial. Il vous fournira les connaissances et les compétences nécessaires pour tirer le meilleur parti de vos ressources limitées et bâtir une entreprise solide sur des bases saines. Vous apprendrez à penser de manière créative, à gérer votre argent avec prudence et à vous adapter aux changements qui se présentent.

Préparez-vous à découvrir les fondations de l'entrepreneuriat avec un budget limité et à développer une mentalité d'innovation et d'efficacité. Ne laissez pas les contraintes financières vous décourager, car les opportunités sont à votre portée. Prêt à commencer cette aventure passionnante ?

Comprendre l'importance de la gestion financière dès le début

Lorsque l'on entreprend avec un budget limité, la gestion financière devient une compétence essentielle à maîtriser dès le départ. Savoir gérer efficacement vos ressources financières vous permettra d'éviter les pièges courants et de maximiser vos chances de réussite.

La première étape de la gestion financière consiste à évaluer de manière réaliste les ressources dont vous disposez. Cela inclut non seulement l'argent dont vous disposez initialement, mais aussi les actifs, les compétences et les réseaux auxquels vous avez accès. En identifiant clairement vos atouts, vous pourrez les exploiter de manière stratégique pour démarrer votre entreprise. Par exemple, si vous avez des compétences en design graphique, vous pouvez économiser de l'argent en créant vous-même votre logo et vos supports marketing. Si vous avez un réseau solide de contacts, vous pouvez tirer parti de ces relations pour obtenir des conseils, des recommandations et même des partenariats commerciaux.

Une fois que vous avez évalué vos ressources, il est essentiel d'établir un budget réaliste pour vos dépenses. Identifiez les coûts de démarrage essentiels, tels que l'enregistrement de l'entreprise, l'achat de matériel ou la création d'un site web. Allouez également une partie de votre budget aux dépenses récurrentes, telles que les frais d'hébergement, de marketing et de fournitures. En établissant un budget réaliste, vous pourrez mieux contrôler vos dépenses et éviter les surprises financières. Soyez attentif à ne pas vous laisser entraîner par des dépenses excessives ou des achats impulsifs. Chaque euro compte lorsque vous démarrez avec un budget limité.

Dans une entreprise avec un budget limité, il est ensuite crucial d'identifier et d'éliminer les dépenses inutiles. Analysez attentivement chaque aspect de votre entreprise et posez-vous la question : "Est-ce vraiment nécessaire ?". Parfois, il peut être tentant de dépenser de l'argent pour des choses qui ne contribuent pas directement à la croissance de votre entreprise. Recherchez des alternatives abordables et économiques pour les services et les fournitures dont vous avez besoin. Par exemple, vous pouvez utiliser des outils de marketing en ligne gratuits ou à faible coût pour promouvoir votre entreprise, plutôt que de dépenser beaucoup d'argent dans des publicités traditionnelles.

Enfin, bien que vous deviez être conscient des dépenses inutiles, il est également important de reconnaître les investissements stratégiques qui peuvent générer un retour sur investissement significatif à long terme. Parfois, il vaut mieux dépenser un peu plus pour obtenir un produit ou un service de meilleure qualité qui augmentera la valeur perçue de votre entreprise. Par exemple, investir dans une formation spécifique à votre domaine d'activité peut vous donner une longueur d'avance et vous permettre d'offrir un meilleur service à vos clients. De même, embaucher un professionnel pour créer un site web professionnel peut être un investissement judicieux plus tard.

Identifier vos compétences et passions pour choisir le bon modèle d'entreprise

Lorsque vous décidez de vous lancer dans l'entrepreneuriat, il est crucial de choisir un modèle d'entreprise qui correspond à vos compétences et à vos passions. En identifiant vos forces et ce qui vous motive, vous augmentez vos chances de succès et de satisfaction dans votre parcours entrepreneurial.

- *Évaluation de vos compétences*

Commencez par évaluer honnêtement vos compétences. Quelles sont les domaines dans lesquels vous excellez ? Quelles sont les compétences techniques, créatives ou relationnelles que vous possédez ? Prenez en compte votre formation, votre expérience professionnelle et vos centres d'intérêt.

Identifiez les compétences clés que vous souhaitez utiliser dans votre entreprise. Par exemple, si vous êtes doué en communication et en vente, vous pourriez envisager de créer une entreprise axée sur le marketing ou les ventes. Si vous avez des compétences en développement web, vous pourriez vous lancer dans le commerce électronique.

Exercice 1 : Liste de compétences

Prenez un moment pour dresser une liste de vos compétences. Voici quelques questions pour vous aider :

1. Quelles sont vos compétences techniques dans votre domaine d'expertise ? Par exemple, en programmation, en marketing, en gestion de projet, en design graphique, etc.

2. Quelles sont vos compétences interpersonnelles ? Par exemple, en communication, en leadership, en résolution de problèmes, en négociation, etc.

3. Quelles sont vos compétences créatives ? Par exemple, en écriture, en design, en photographie, en musique, etc.

4. Quelles sont vos compétences organisationnelles ? Par exemple, en planification, en gestion du temps, en gestion des tâches, en gestion des ressources, etc.

5. Quelles sont vos compétences en relation avec les nouvelles technologies ? Par exemple, en utilisation des médias sociaux, en analyse de données, en développement web, en e-commerce, etc.

Prenez le temps de réfléchir à toutes vos compétences, même celles que vous considérez comme mineures. Notez-les toutes pour avoir une vision complète de ce que vous pouvez offrir.

- *Exploration de vos passions et intérêts*

En plus de vos compétences, il est important de tenir compte de vos passions et de vos intérêts. Qu'est-ce qui vous passionne ? Quelles sont les activités qui vous inspirent et vous motivent ? Pensez à ce qui vous fait vibrer, à ce qui vous donne envie de vous lever chaque matin. Identifiez les domaines dans lesquels vous aimeriez travailler et investir votre énergie. Si vous êtes passionné par l'environnement, vous pourriez envisager une entreprise éco-responsable ou de développement durable. Si vous êtes passionné par la cuisine, vous pourriez envisager d'ouvrir un service de livraison de repas à domicile.

Exercice 2 : Exploration de vos passions et intérêts

Réfléchissez maintenant à vos passions et à vos intérêts. Posez-vous les questions suivantes :

1. Quels sujets vous passionnent et suscitent votre curiosité ? Il peut s'agir de sujets liés à votre domaine d'expertise ou de tout autre domaine qui vous intéresse.

2. Quels sont vos hobbies ou vos activités préférées en dehors du travail ? Que faites-vous pour vous détendre ou vous épanouir ?

3. Quels sont vos centres d'intérêt personnels ? Il peut s'agir de voyages, de cuisine, de sport, de musique, d'art, etc.

4. Qu'est-ce qui vous motive profondément ? Quelles sont les valeurs qui vous tiennent à cœur et que vous souhaitez voir reflétées dans votre travail ?

Prenez le temps d'explorer vos passions et vos intérêts. Notez tout ce qui vous vient à l'esprit et qui vous inspire.

Alignement des compétences et des passions avec les opportunités du marché

Une fois que vous avez identifié vos compétences et vos passions, il est temps de les aligner avec les opportunités du marché. Effectuez des recherches approfondies sur les secteurs d'activité en croissance, les tendances du marché et les besoins non satisfaits.

Trouvez des modèles d'entreprise qui correspondent à vos compétences et à vos passions, et qui répondent également à une demande du marché. Par exemple, si vous êtes passionné par le fitness et que vous avez des compétences en coaching, vous pourriez envisager de créer une entreprise de coaching en ligne ou d'ouvrir un studio de fitness dans votre région.

Exercice 3 : Correspondance entre compétences et passions

Une fois que vous avez établi vos listes de compétences et de passions, cherchez les correspondances entre les deux. Identifiez les compétences que vous possédez et qui sont liées à vos passions et à vos intérêts.

Par exemple, si vous êtes passionné par la photographie et que vous avez des compétences en retouche d'images, vous pourriez envisager de démarrer une entreprise de retouche photographique. Si vous avez des compétences en communication et que vous êtes passionné par le développement durable, vous pourriez envisager de créer une entreprise de sensibilisation à l'environnement.

Identifiez les domaines où vos compétences et vos passions se croisent, car c'est là que vous trouverez le plus de satisfaction et de motivation dans votre parcours entrepreneurial.

Ces exercices pratiques vous aideront à mieux comprendre vos compétences et passions, et à les intégrer dans le choix du modèle d'entreprise qui vous convient le mieux. N'oubliez pas d'être honnête avec vous-même et de suivre votre intuition. Votre passion et vos compétences combinées seront la clé de votre réussite et le moyen de vous démarquer par rapport aux concurrents.

Évolution et développement de vos compétences

Une fois que vous avez identifié le modèle d'entreprise qui correspond à vos compétences et à vos passions, il est essentiel de continuer à évoluer et à développer vos compétences. Recherchez des formations, des mentors ou des communautés professionnelles qui peuvent vous aider à renforcer vos connaissances et à acquérir de nouvelles compétences.

L'entrepreneuriat est un voyage constant d'apprentissage et de croissance. Soyez prêt à vous adapter aux évolutions du marché, à vous former en permanence et à vous améliorer dans votre domaine d'activité.

En conclusion, en identifiant vos compétences et passions, vous pouvez choisir le modèle d'entreprise qui vous permettra de tirer le meilleur parti de vos talents et de trouver une réelle satisfaction dans votre travail.

Chapitre 2 : Développer un état d'esprit entrepreneurial pour surmonter les défis financiers

Nous aborderons l'importance de développer un état d'esprit entrepreneurial solide pour surmonter les défis financiers qui peuvent se présenter. Lorsque vous entreprenez avec un budget limité, il est essentiel d'adopter une attitude positive et proactive face aux obstacles financiers. Voici comment y parvenir :

Tout d'abord, il est crucial d'adopter une attitude positive face aux défis financiers. Au lieu de les voir comme des obstacles insurmontables, considérez-les comme des opportunités d'apprentissage et de croissance. Une attitude positive vous aidera à rester motivé et à rechercher des solutions créatives pour surmonter ces défis.

De plus, faites preuve de proactivité dans la recherche de solutions. Ne laissez pas les difficultés financières vous décourager. Au contraire, cherchez activement des moyens de les surmonter. Explorez des options telles que la recherche de financement supplémentaire, la réduction des coûts, la recherche de partenariats ou le développement de nouvelles sources de revenus.

Soyez également flexible et adaptable dans votre approche. Comprenez que l'entrepreneuriat nécessite souvent des ajustements et des pivots en fonction des réalités financières. Soyez prêt à vous adapter et à changer de cap si nécessaire. Restez ouvert aux nouvelles idées et opportunités qui peuvent vous aider à surmonter les défis financiers.

En parallèle, gérez efficacement vos ressources. Lorsque vous avez un budget limité, il est crucial de maximiser l'utilisation de ce que vous avez déjà. Soyez prudent dans vos dépenses, recherchez des moyens d'économiser et utilisez vos compétences et votre créativité pour trouver des alternatives abordables et efficaces.

De plus, n'oubliez pas l'importance de votre réseau professionnel. Établissez des relations solides avec d'autres entrepreneurs, des investisseurs potentiels, des mentors et des experts financiers. Ils peuvent vous apporter des conseils, des opportunités de financement et des idées pour faire face aux problèmes financiers.

La persévérance et la résilience sont également des qualités clés à développer. L'entrepreneuriat est souvent un parcours semé d'embûches. Cultivez la persévérance en restant motivé, en vous fixant des objectifs réalistes et en tirant des leçons des échecs passés. Soyez résilient et prêt à rebondir lorsque les choses ne se déroulent pas comme prévu.

Enfin, l'éducation financière est essentielle. Éduquez-vous en matière de finances et de gestion financière. Apprenez les bases de la comptabilité, de la budgétisation, de la prévision financière et de l'analyse des coûts. Cela vous permettra de prendre des décisions plus éclairées et de maximiser l'utilisation de vos ressources.

En développant un état d'esprit entrepreneurial axé sur la recherche de solutions, la flexibilité et la gestion efficace des ressources, vous serez mieux préparé à surmonter les défis financiers qui peuvent se présenter.

Comment investir judicieusement vos 30 euros pour maximiser vos chances de réussite et atteindre vos objectifs financiers ?

Investir judicieusement vos 30 euros peut sembler un défi, mais avec une approche réfléchie, vous pouvez maximiser vos chances de réussite. Voici quelques conseils pour vous aider à investir intelligemment avec un budget limité :

- **Établissez un objectif clair**

Définissez votre objectif financier spécifique. Voulez-vous augmenter votre capital à long terme, générer des revenus supplémentaires ou atteindre un objectif financier à court terme ? Avoir un objectif clair vous aidera à choisir la meilleure stratégie d'investissement adaptée à votre situation.

- **Effectuez des recherches approfondies**

Avant de faire un investissement, consacrez du temps à la recherche. Explorez différentes options d'investissement et évaluez les risques et les rendements potentiels. Lisez des articles, consultez des forums et utilisez des ressources en ligne pour vous informer sur les opportunités disponibles.

- **Optez pour des investissements à faible coût**

Avec un budget limité, privilégiez les investissements à faible coût tels que les fonds indiciels ou les ETF (Exchange-Traded Funds). Ces produits vous permettent de diversifier votre portefeuille à moindre coût et de bénéficier de la croissance à long terme des marchés financiers.

- **Explorez les plateformes d'investissement en ligne**

Les plateformes d'investissement en ligne offrent souvent des options d'investissement abordables, notamment les actions fractionnaires. Vous pouvez ainsi acheter une petite partie d'une action, ce qui vous permet de diversifier vos investissements avec un montant limité.

- **Pensez à l'investissement à long terme**

L'investissement à long terme est souvent plus avantageux. Au lieu de chercher des rendements rapides, visez la croissance à long terme de votre capital. Soyez patient et laissez vos investissements fructifier avec le temps.

- **Profitez des programmes d'investissement automatique**

Certains services proposent des programmes d'investissement automatique où vous pouvez investir de petits montants régulièrement. Cela vous permet de mettre en place une stratégie d'investissement progressive et disciplinée, même avec un budget limité.

- **Diversifiez vos investissements**

La diversification est essentielle pour réduire les risques. Répartissez vos 30 euros entre différentes classes d'actifs, tels que les actions, les obligations ou les produits de placement alternatifs, pour minimiser l'impact d'un éventuel échec et maximiser les opportunités de rendement.

- *Éduquez-vous continuellement*

Investir avec succès nécessite une connaissance approfondie. Continuez à vous éduquer en matière d'investissement en lisant des livres, en suivant des cours en ligne gratuits et en restant informé des actualités financières. Une meilleure compréhension vous permettra de prendre des décisions éclairées.

- *Restez réaliste et prudent*

Gardez à l'esprit que chaque investissement comporte des risques. Soyez réaliste quant à vos attentes de rendement et évitez les promesses de gains rapides. Soyez prudent dans vos décisions d'investissement et ne prenez pas de risques excessifs qui pourraient compromettre votre capital.

- *Faites preuve de discipline*

Restez discipliné dans votre approche d'investissement. Établissez un plan d'investissement et respectez-le. Évitez les impulsions de changer vos stratégies en fonction des fluctuations du marché. La discipline est la clé pour atteindre vos objectifs financiers à long terme.

En suivant ces conseils, vous pouvez investir judicieusement vos 30 euros et maximiser vos chances de réussite financière. Rappelez-vous, l'investissement est un voyage qui demande de la patience, de la recherche et de la discipline. Commencez petit, apprenez continuellement et laissez vos investissements croître au fil du temps.

Les erreurs courantes à éviter lors de l'investissement de capital initial limité

Lorsque vous investissez avec un capital initial limité, il est crucial d'éviter certaines erreurs courantes qui pourraient compromettre vos chances de réussite. Voici quelques-unes de ces erreurs à éviter :

- *Se laisser influencer par des promesses de gains rapides*

Méfiez-vous des offres qui promettent des rendements extraordinaires en peu de temps. Souvent, ces promesses sont trop belles pour être vraies et peuvent conduire à des investissements risqués ou frauduleux. Gardez à l'esprit qu'un investissement solide nécessite du temps pour croître.

- *Négliger la diversification*

La diversification est essentielle pour réduire les risques. Ne pas répartir votre capital entre différentes classes d'actifs ou secteurs peut augmenter votre exposition à un risque spécifique. Veillez à diversifier vos investissements pour limiter les impacts négatifs potentiels.

- **Ignorer la recherche et l'analyse**

Faire des investissements basés sur des intuitions ou des conseils non fondés peut être dangereux. Prenez le temps d'effectuer des recherches approfondies sur les opportunités d'investissement, évaluez les risques et examinez les perspectives de croissance. Une analyse solide peut vous aider à prendre des décisions éclairées.

- **Se laisser guider par les émotions**

L'investissement est une discipline qui nécessite de la rationalité. Évitez de prendre des décisions impulsives basées sur des émotions telles que la peur ou la cupidité. Restez calme et objectif, en vous basant sur des faits concrets plutôt que sur des réactions émotionnelles.

- **Ignorer les frais et les coûts**

Les frais associés à l'investissement peuvent avoir un impact significatif sur vos rendements. Veillez à comprendre les frais liés à vos investissements, tels que les frais de transaction, les frais de gestion et les frais cachés. Choisissez des options d'investissement avec des coûts raisonnables pour maximiser vos gains nets.

En évitant ces erreurs courantes, vous augmentez vos chances de réussir vos investissements, même avec un capital initial limité. Soyez prudent, faites preuve de diligence et suivez une approche réfléchie pour atteindre vos objectifs financiers à long terme.

Les ressources gratuites ou à faible coût pour développer vos compétences en affaires

Lorsque vous cherchez à développer vos compétences en affaires tout en respectant un budget limité, il existe de nombreuses ressources gratuites ou à faible coût qui peuvent vous être bénéfiques. Voici quelques suggestions :

- *Les bibliothèques publiques*

Les bibliothèques locales offrent une multitude de ressources gratuites, y compris des livres, des magazines, des journaux et des ressources en ligne. Vous pouvez trouver des ouvrages sur l'entrepreneuriat, la gestion, le marketing et d'autres domaines d'affaires. Explorez également les bases de données en ligne proposées par les bibliothèques pour accéder à des ressources supplémentaires.

- *Cours en ligne gratuit*

De nombreuses plateformes d'apprentissage en ligne proposent des cours gratuits sur divers sujets liés aux affaires. Udemy, Coursera, edX et

Khan Academy offrent une variété de cours en ligne gratuits dispensés par des experts de l'industrie. Vous pouvez apprendre les bases de l'entrepreneuriat, de la finance, de la gestion et bien plus encore.

- **Blogs et sites web spécialisés**

Il existe de nombreux blogs et sites web spécialisés dans les affaires qui proposent des articles, des guides pratiques et des conseils d'experts. Certains blogs populaires tels que : Entrepreneur, Harvard Business Review, Forbes et Inc. Magazine. Abonnez-vous à leurs newsletters pour rester informé des dernières tendances et des conseils pratiques.

- **Podcasts**

Les podcasts sont une excellente ressource pour apprendre en déplacement. De nombreux podcasts se concentrent sur les affaires et l'entrepreneuriat, offrant des conseils pratiques, des interviews d'experts et des histoires inspirantes. Certains podcasts recommandés sont "The Tim Ferriss Show", "The GaryVee Audio Experience" et "How I Built This". Je m'excuse par avance, mais mes préférés sont en anglais !

- *Réseaux sociaux*

Les plateformes de médias sociaux telles que LinkedIn, Twitter et Facebook regorgent de groupes et de communautés d'affaires. Rejoignez des groupes pertinents pour échanger avec d'autres entrepreneurs, poser des questions et partager des idées. C'est également un excellent moyen d'apprendre des expériences d'autres professionnels du domaine.

- *Événements et conférences locales*

Renseignez-vous sur les événements et les conférences liés aux affaires qui se déroulent dans votre région. Souvent, ces événements proposent des séminaires, des ateliers et des sessions de réseautage. Vous pouvez en apprendre davantage sur des sujets spécifiques et rencontrer des professionnels de l'industrie.

- *Webinaires et vidéos en ligne*

De nombreux experts en affaires proposent des webinaires et des vidéos en ligne gratuites sur des sujets variés. Recherchez des webinaires dans votre domaine d'intérêt et inscrivez-vous pour acquérir de nouvelles connaissances et des perspectives pratiques.

- ***Mentors et coaching***

Trouver un mentor ou un coach peut être une ressource précieuse pour développer vos compétences en affaires. Certaines personnes sont prêtes à offrir du mentorat gratuitement ou à un coût réduit. Recherchez des programmes de mentorat locaux ou des plateformes en ligne qui facilitent les partenariats entre mentors et apprenants.

En utilisant ces ressources gratuites ou à faible coût, vous pouvez continuer à développer vos compétences en affaires sans dépasser votre budget. N'oubliez pas de consacrer du temps chaque semaine à votre développement professionnel, en explorant ces ressources et en appliquant les connaissances acquises dans votre parcours entrepreneurial.

Chapitre 3 : 10 business modèles à mettre en place tout de suite avec 30 euros ou moins

Dans ce chapitre, nous allons explorer une série de business modèles qui peuvent être lancés avec un capital initial de 30 euros ou moins. Nous aborderons des idées créatives et innovantes qui vous permettront de démarrer votre entreprise avec des ressources limitées, tout en maximisant votre potentiel de réussite.

Nous vivons à une époque où l'entrepreneuriat est de plus en plus accessible, même avec un budget restreint. Grâce à l'émergence de nouvelles technologies, à l'économie collaborative et à l'utilisation intelligente des ressources existantes, il est désormais possible de créer et de développer des entreprises prospères avec une mise de départ modeste.

Dans ce chapitre, nous vous guiderons à travers une sélection de business modèles bien détaillés qui ne nécessitent qu'un investissement initial de 30 euros ou moins. Chaque modèle sera accompagné d'une analyse approfondie.

Que vous souhaitiez démarrer une entreprise en ligne, offrir des services locaux, ou exploiter vos compétences et talents personnels, vous trouverez dans ce chapitre une variété d'options attrayantes qui correspondent à différents domaines d'activité.

Il est temps de repousser les limites de la créativité et de l'innovation entrepreneuriale, en exploitant votre esprit d'entreprise pour transformer votre investissement initial de 30 euros en une entreprise florissante. Préparez-vous à découvrir des idées novatrices et des stratégies éprouvées qui vous permettront de réaliser vos aspirations entrepreneuriales, même avec des ressources limitées.

Modèle 1 : Commencer à investir en bourse

La bourse offre une opportunité passionnante de faire fructifier votre capital, même avec un budget initial limité. Avec seulement 30 euros, vous pouvez commencer à investir et participer aux mouvements du marché financier. Voici quelques conseils importants avant de vous présenter le modèle, car le domaine de la bourse est un domaine risqué.

Avant de vous lancer dans l'investissement en bourse, il est essentiel d'acquérir une base solide de connaissances financières. Lisez des livres, suivez des cours en ligne ou consultez des ressources éducatives gratuites pour comprendre les principes de base de l'investissement, les stratégies et les risques associés.

Par ailleurs, les courtiers en ligne offrent une plateforme conviviale pour investir en bourse avec un capital limité. Recherchez des courtiers qui proposent des comptes sans dépôt minimum ou avec de faibles frais de transaction. Assurez-vous également de choisir un courtier réputé et réglementé.

Avec un capital initial de 30 euros, vous pouvez choisir de faire des investissements réguliers plutôt que de placer une grosse somme d'argent d'un coup. Planifiez un montant fixe à investir chaque mois et adoptez une approche à long terme pour maximiser vos rendements potentiels.

Une autre option intéressante avec un budget limité est l'investissement fractionné, également connu sous le nom d'investissement en actions fractionnées. Certaines plateformes permettent aux investisseurs d'acheter une fraction d'une action, ce qui vous permet de diversifier votre portefeuille même avec un capital initial modeste.

Lorsque vous investissez en bourse avec un budget limité, la diversification est essentielle pour réduire les risques. Au lieu de concentrer tout votre capital dans une seule action, envisagez de diversifier votre portefeuille en investissant dans plusieurs actions ou fonds indiciels.

En outre, surveillez attentivement vos investissements et suivez les performances de vos actions. Utilisez des outils de suivi gratuits en ligne pour évaluer la performance de votre portefeuille et prendre des décisions éclairées sur les ajustements nécessaires.

Il est aussi important de comprendre les risques associés à l'investissement en bourse et de développer une stratégie de gestion des risques adaptée. Fixez des limites de perte acceptables et évitez de vous laisser emporter par des décisions impulsives basées sur les fluctuations du marché.

La bourse est un jeu à long terme. Adoptez une perspective à long terme et évitez de paniquer face aux fluctuations à court terme du marché. Restez concentré sur vos objectifs financiers à long terme et laissez vos investissements croître avec le temps.

Investir en bourse avec un capital initial limité de 30 euros peut être un excellent moyen de démarrer votre parcours d'investissement. Cependant, n'oubliez pas de faire preuve de prudence, d'éducation financière et de diversification pour maximiser vos chances de réussite. Prenez le temps d'étudier les marchés, de suivre les performances de vos investissements et d'ajuster votre stratégie au fil du temps. Assez patienté. Passons à la pratique !

Plan d'investissement

Voici un exemple concret de plan d'investissement pour vous aider à démarrer votre aventure en bourse avec un capital initial de 30 euros :

Étape 1 : Éducation financière

- Lisez des livres tels que "L'investisseur intelligent" de Benjamin Graham et "Warren Buffett et l'interprétation des états financiers" de Mary Buffett et David Clark ou mon livre « Introduction à l'investissement en bourse» disponible gratuitement à l'emprunt sur Amazon.

- Suivez des cours en ligne gratuits tels que ceux proposés par Investopedia ou les formations en ligne d'eToro.

Étape 2 : Choix d'un courtier en ligne

- Choisissez un courtier en ligne réputé tel que eToro, Interactive Brokers ou DEGIRO, qui offrent des comptes sans dépôt minimum et des frais de transaction compétitifs.

- Comparez les fonctionnalités offertes, telles que les outils d'analyse, les options de trading et la facilité d'utilisation de la plateforme.

Étape 3 : Établissement d'un budget d'investissement mensuel

- Fixez un montant mensuel que vous pouvez investir régulièrement, par exemple 10 euros.

- Investissez dans des actions de sociétés bien établies et populaires, telles que Société Générale, Axa ou encore des ETF.

Étape 4 : Diversification de votre portefeuille

- Répartissez votre capital entre différentes actions pour réduire les risques.

- Par exemple, investissez 10 euros dans une fraction d'action technologique comme Tesla et 10 euros dans une action de consommation comme Coca-Cola.

Étape 5 : Suivi des performances

- Utilisez la plateforme de trading du courtier en ligne pour suivre les performances de vos investissements.

- Analysez régulièrement les variations de prix et les rendements de vos actions pour prendre des décisions éclairées.

Étape 6 : Ajustements stratégiques

- Surveillez les nouvelles et les rapports financiers pour identifier des opportunités ou des risques.

- Si nécessaire, ajustez votre portefeuille en vendant des actions moins performantes et en investissant dans de nouvelles opportunités, telles que des entreprises émergentes dans des secteurs prometteurs.

Étape 7 : Patience et discipline

- Gardez à l'esprit que l'investissement en bourse est un jeu à long terme.

- Évitez de paniquer face aux fluctuations à court terme du marché et restez concentré sur vos objectifs financiers à long terme.

Il est important de noter que cet exemple de plan d'investissement est donné à titre indicatif et peut être adapté en fonction de vos préférences et de votre profil d'investisseur.

N'oubliez pas de faire plus de recherches et de consulter des conseils financiers professionnels si nécessaire. Vous pouvez nous contacter sur Instagram : @Mrsfylla

Veuillez également garder à l'esprit que l'investissement en bourse comporte des risques. Assurez-vous de comprendre les risques associés à chaque action et n'investissez jamais plus que ce que vous pouvez vous permettre de perdre.

Modèle 2 : Les services de soutien administratif

- *Description du modèle*

Les services de soutien administratif consistent à offrir une assistance professionnelle dans les tâches administratives et organisationnelles aux entreprises et aux entrepreneurs. Ces services peuvent inclure la gestion des rendez-vous, la gestion des courriels, la planification des voyages, la préparation de documents, la gestion des bases de données, la transcription, et bien plus encore.

- *Avantages du modèle*

Ce modèle d'entreprise ne nécessite souvent qu'un investissement initial minimal, ce qui en fait une option accessible pour les entrepreneurs avec un budget limité, comme vous.

En offrant des services de soutien administratif, vous avez la possibilité de travailler à distance depuis chez vous ou depuis un espace de coworking. Cela vous permet de gérer votre entreprise de manière flexible et d'économiser sur les frais de location d'un bureau.

Les tâches administratives sont indispensables dans la plupart des entreprises, quelle que soit leur taille ou leur secteur d'activité. Il y a donc une demande continue pour des services de soutien administratif de qualité.

À mesure que vous développez votre expertise et votre portefeuille client, vous pouvez élargir vos offres de services pour inclure des tâches plus complexes et spécialisées, ce qui peut augmenter votre potentiel de revenus.

Pour démarrer, vous avez simplement besoin d'un ordinateur, d'une connexion Internet fiable et de logiciels couramment utilisés, tels que la suite Microsoft Office ou des outils de gestion de projet.

Vous pouvez choisir de vous spécialiser dans un domaine spécifique, comme le soutien administratif pour les professionnels de la santé, les entrepreneurs créatifs ou les entreprises technologiques, ce qui peut vous permettre de vous différencier sur le marché.

- *Conseils pour réussir dans ce modèle*

1. Offrez un excellent service à la clientèle : Assurez-vous de répondre aux demandes de vos clients de manière professionnelle et rapide. Soyez fiable, respectez les délais et traitez les informations confidentielles avec le plus grand soin.

2. Faites preuve de polyvalence : Soyez prêt à vous adapter aux besoins changeants de vos clients et à apprendre de nouvelles compétences pour répondre à leurs demandes spécifiques.

3. Réseautez et faites connaître vos services : Utilisez les réseaux sociaux, les plateformes en ligne et les événements locaux pour promouvoir votre entreprise et établir des contacts avec des clients potentiels.

4. Offrez des services complémentaires : Proposez des services supplémentaires, tels que la gestion des réseaux sociaux, la traduction ou la gestion de projets, pour augmenter la valeur ajoutée pour vos clients et diversifier vos sources de revenus.

5. Développez des relations à long terme : Visez à établir des relations solides avec vos clients existants en offrant un service de qualité et en les aidant à atteindre leurs objectifs. Des clients satisfaits sont plus susceptibles de vous recommander à d'autres entreprises.

Les services de soutien administratif offrent une opportunité passionnante de démarrer votre entreprise avec un investissement initial limité. En développant vos compétences en matière de gestion administrative et en offrant des services de qualité, vous pouvez fournir une assistance précieuse aux entreprises tout en construisant une entreprise prospère et rentable.

Plan d'investissement

Étape 1 : Évaluation des compétences et des besoins

- Identifiez vos compétences administratives spécifiques, telles que la gestion des calendriers, la gestion des courriels, la création de documents, etc.

- Analysez les besoins du marché local en matière de services de soutien administratif et identifiez les secteurs où il y a une demande élevée, tels que les petites entreprises locales, les consultants indépendants ou les entrepreneurs individuels.

Étape 2 : Création d'une présence en ligne

- Supposons que vous avez déjà un ordinateur, un accès internet et des logiciels de gestion administrative (Canva, Word, PowerPoint,...). Vous pouvez utiliser vos réseaux sociaux pour prodiguer des conseils dans le domaine de la gestion où vous êtes compétent et proposer aux gens vos services moyennant une somme que vous aurez préalablement fixée. Utilisez les médias sociaux, tels que LinkedIn et Facebook, pour promouvoir votre entreprise et interagir avec votre public cible (gratuit).

Étape 3 : Réseautage et marketing

- Participez à des événements locaux tels que des salons professionnels ou des rencontres entrepreneuriales gratuites.

- Utilisez des plateformes en ligne telles que LinkedIn Premium (à partir de 30 euros par mois) pour vous connecter avec des professionnels et faire connaître vos services.

Étape 4 : Tarification de vos services

- Déterminez vos tarifs en fonction de la valeur de vos compétences et de la demande du marché. Par exemple, vous pouvez proposer un tarif horaire de 20 euros pour les tâches administratives courantes et des forfaits mensuels à partir de 200 euros pour un soutien administratif complet.

Étape 5 : Offrir un excellent service à la clientèle

- Répondez rapidement aux demandes des clients et traitez les informations avec confidentialité.

- Soyez fiable, respectez les délais et faites preuve de professionnalisme dans toutes vos interactions.

Étape 6 : Développer des relations à long terme

- Cherchez à établir des relations durables avec vos clients en offrant un service de qualité supérieure et en étant disponible pour répondre à leurs besoins.

- Demandez des commentaires et des témoignages de satisfaction pour renforcer votre réputation.

Étape 7 : Élargissement de vos offres de services

- Au fur et à mesure que votre entreprise se développe, envisagez d'élargir votre gamme de services pour inclure des tâches spécialisées telles que la gestion de projet, la traduction, la rédaction de contenu, etc.

Étape 8 : Suivi et évaluation

- Utilisez des outils de suivi des revenus et des dépenses tels que QuickBooks (à partir de 10 euros par mois) pour évaluer la rentabilité de votre entreprise.

- Identifiez les domaines où vous pouvez améliorer votre efficacité et vos performances en utilisant des logiciels de gestion de projet comme Asana (version de base gratuite).

Modèle 3: Le dropshipping

Créer une boutique en ligne sans stock en travaillant avec des fournisseurs qui expédient directement les produits aux clients.

Si vous souhaitez créer une boutique en ligne sans avoir à gérer un stock physique, travailler avec des fournisseurs qui expédient directement les produits aux clients peut être une excellente option. Voici un plan d'investissement prêt à l'emploi pour vous aider à démarrer :

Plan d'investissement prêt à l'emploi : Lunettes de soleil vintage

Étape 1 : Recherche de niches et de produits

- Identifiez la niche des lunettes de soleil vintage, un accessoire de mode intemporel et tendance.

- Recherchez des fournisseurs spécialisés dans les lunettes de soleil vintage qui proposent un service d'expédition directe.

Étape 2 : Sélection des fournisseurs et gestion des produits

- Identifiez des fournisseurs de lunettes de soleil vintage réputés, tels que "Retro Shades" ou "Vintage Eyewear Co.", qui proposent des produits de qualité à des prix abordables.

- Établissez des partenariats avec ces fournisseurs pour qu'ils expédient directement les lunettes aux clients de votre boutique en ligne.

Étape 3 : Choix de la plateforme de commerce électronique

- Optez pour une plateforme de commerce électronique telle que Shopify, connue pour sa facilité d'utilisation et ses fonctionnalités adaptées au secteur de la mode.

- Allouez un budget mensuel pour les frais de la plateforme de commerce électronique (généralement les 3 premiers mois sont offerts chez Shopify. Ce qui vous laisse le temps de rentabiliser votre projet et de payer la trentaine d'euros par la suite).

Étape 4 : Création de votre boutique en ligne

- Concevez une boutique en ligne élégante et attrayante, mettant en valeur les lunettes de soleil vintage.

- Assurez-vous que votre boutique offre une expérience de navigation fluide, avec des catégories claires et une fonction de recherche facilement accessible.

Étape 5 : Marketing et promotion de votre boutique en ligne

- Utilisez les médias sociaux pour promouvoir vos lunettes de soleil vintage, en partageant des photos attrayantes et en interagissant avec des influenceurs de la mode.

- Investissez dans des publicités ciblées sur les plateformes de médias sociaux et les blogs de mode pour atteindre votre public cible.

Étape 6 : Gestion des commandes et du service client

- Mettez en place un système de gestion des commandes efficace pour traiter les achats et suivre les expéditions.

- Offrez un service client réactif et personnalisé pour répondre aux questions des clients et résoudre les problèmes éventuels.

Étape 7 : Suivi des performances et optimisation

- Utilisez des outils d'analyse tels que Google Analytics pour évaluer les performances de votre boutique en ligne, en surveillant les taux de conversion et le comportement des visiteurs.

- Optimisez votre boutique en ligne en fonction des données recueillies, en améliorant la convivialité du site et en ajustant vos stratégies marketing.

Étape 8 : Expansion de votre catalogue de produits
À mesure que votre boutique en ligne gagne en popularité, envisagez d'élargir votre offre en proposant d'autres accessoires de mode complémentaires, tels que des chapeaux ou des bijoux vintage.

Étape 9 : Établissement de partenariats et collaboration

Collaborez avec des blogueurs et des influenceurs spécialisés dans la mode

Modèle 4 : Les cours en ligne

Dans le monde numérique d'aujourd'hui, les cours en ligne sont devenus un moyen populaire et rentable de partager vos connaissances et de générer des revenus. Que vous soyez passionné par le développement personnel, le marketing digital, la photographie, la cuisine ou tout autre domaine, créer et vendre des cours en ligne peut être une excellente opportunité d'entrepreneuriat.

Exemple 1 de cours : "Introduction à la photographie numérique"

Description du cours :

- Durée du cours : 4 semaines

- Niveau de compétence : débutant

- Objectif du cours : Apprendre les bases de la photographie numérique et améliorer vos compétences en tant que photographe amateur.

Contenu du cours :

Semaine 1 : Les fondamentaux de la photographie

- Introduction à la photographie numérique.
- Comprendre les différents types d'appareils photo et leurs fonctionnalités.
- Maîtriser les réglages de base tels que l'ouverture, la vitesse d'obturation et la sensibilité ISO.
- Composition et cadrage pour créer des images attrayantes.

Semaine 2 : Techniques et styles de photographie

- Les différents genres de photographie : portrait, paysage, macro, etc.
- Utilisation de la lumière naturelle et artificielle pour créer des effets.
- Techniques de mise au point et profondeur de champ.
- Exploration des différents styles de photographie et développement de votre propre style.

Semaine 3 : Post-production et retouche d'images

- Introduction aux logiciels de retouche d'images tels qu'Adobe Lightroom.
- Édition de base des photos : ajustement de l'exposition, de la balance des couleurs, etc.
- Amélioration des détails et de la netteté des images.
- Introduction à la retouche créative et à la manipulation d'images.

Semaine 4 : Partage et commercialisation de vos photos

- Les différentes plateformes pour partager et promouvoir vos photos en ligne.
- Stratégies pour créer une présence en ligne en tant que photographe.
- Introduction aux droits d'auteur et à la protection de vos images.
- Possibilités de vente et de monétisation de vos photos.

Ce cours offre une introduction complète à la photographie numérique et est conçu pour les débutants qui souhaitent améliorer leurs compétences et passer au niveau supérieur. À travers des modules interactifs comprenant des vidéos, des exercices pratiques et des évaluations, les étudiants pourront acquérir les connaissances nécessaires pour maîtriser les bases de la photographie et développer leur passion pour cet art visuel.

En utilisant une plateforme de cours en ligne telle que Udemy, Teachable ou Coursera, vous pouvez créer et héberger facilement votre cours, gérer les inscriptions des étudiants et accéder à des outils de marketing pour promouvoir votre offre.

Exemple 2 de cours : "Création de bijoux artisanaux avec des matériaux recyclés"

Description du cours :

- Durée du cours : 4 semaines

- Niveau de compétence : débutant

- Objectif du cours : Apprendre à créer des bijoux uniques et écologiques en utilisant des matériaux recyclés.

Contenu du cours :

Semaine 1 : Introduction à la création de bijoux artisanaux

- Présentation des différentes techniques et outils de base utilisés dans la fabrication de bijoux.
- Sélection des matériaux recyclés appropriés tels que les perles de verre recyclé, les breloques en métal récupéré, etc.
- Exploration des différentes inspirations et styles de bijoux artisanaux.

Semaine 2 : Techniques de fabrication de bijoux

- Apprentissage des techniques de base pour la création de boucles d'oreilles, de colliers, de bracelets et de bagues.
- Utilisation de pinces, d'aiguilles et de fils pour assembler les différents éléments du bijou.
- Personnalisation des bijoux en ajoutant des accents et des détails uniques.

Semaine 3 : Design et création de bijoux personnalisés

- Développement de votre créativité en concevant des bijoux personnalisés.
- Utilisation de techniques de tressage, d'enfilage et de montage pour créer des pièces uniques.
- Exploration des possibilités de mélange de matériaux et de textures pour ajouter de l'originalité à vos créations.

Semaine 4 : Présentation et commercialisation des bijoux

- Photographie de vos créations pour les présenter de manière attrayante en ligne.
- Création d'un catalogue en ligne ou d'une page sur les réseaux sociaux pour promouvoir et vendre vos bijoux.
- Stratégies de tarification et de vente pour maximiser vos revenus.

Ce cours offre aux participants la possibilité de développer leur créativité tout en contribuant à la préservation de l'environnement. En utilisant des matériaux recyclés, ils pourront créer des bijoux uniques et attrayants, tout en apprenant les compétences nécessaires pour les commercialiser et les vendre. Pour économiser sur les coûts, les participants peuvent utiliser des matériaux recyclés provenant de leur propre collection de bijoux usagés ou rechercher des matériaux abordables dans des magasins de seconde main, des marchés locaux ou en ligne. Ils peuvent également partager les coûts en s'approvisionnant en matériaux avec d'autres participants intéressés par la création de bijoux artisanaux. La création et la vente de bijoux artisanaux avec des matériaux recyclés offrent une opportunité d'entrepreneuriat accessible, créative et respectueuse de l'environnement. Les participants peuvent commencer avec un budget limité et développer leur activité au fur et à mesure de leur progression.

Modèle 5 : La création de contenu

A l'ère numérique d'aujourd'hui, devenir un créateur de contenu sur les plateformes de médias sociaux est devenu une voie passionnante et lucrative pour les entrepreneurs. Que vous soyez passionné par la beauté, la cuisine, les voyages, la comédie ou tout autre domaine, créer du contenu attrayant et engageant peut vous permettre de développer une audience fidèle et de générer des revenus grâce à la publicité ou aux partenariats.

Exemple de plateforme : Instagram

Description :

Instagram est une plateforme de médias sociaux populaire qui permet aux utilisateurs de partager des photos et des vidéos avec leur audience. En tant que créateur de contenu sur Instagram, vous pouvez exploiter votre passion et votre expertise pour créer un contenu visuellement attrayant et captivant. Voici les étapes pour démarrer votre activité de création de contenu sur Instagram :

Étape 1 : Choisissez votre niche

Identifiez un domaine dans lequel vous avez une passion et une expertise. Cela peut être la mode, la cuisine, le fitness, le lifestyle, le voyage, etc. Sélectionnez une niche qui correspond à vos intérêts et qui a un potentiel d'audience.

Étape 2 : Créez un compte Instagram attrayant

Créez un compte Instagram professionnel qui reflète votre niche et votre style. Choisissez un nom d'utilisateur pertinent et utilisez une photo de profil attrayante. Rédigez une bio engageante qui décrit votre contenu et encourage les utilisateurs à vous suivre.

Étape 3 : Produisez un contenu de qualité

Créez du contenu de haute qualité qui est original, attrayant et engageant. Utilisez des techniques de photographie et de montage pour rendre vos publications visuellement attrayantes. Racontez des histoires captivantes à travers vos légendes pour susciter l'intérêt et l'engagement de votre audience.

Étape 4 : Construisez votre audience

Utilisez des hashtags pertinents et engagez-vous avec d'autres utilisateurs dans votre niche pour augmenter votre visibilité et attirer des abonnés. Collaborez avec d'autres créateurs de contenu pour élargir votre audience et atteindre de nouveaux followers.

Étape 5 : Monétisez votre contenu

Une fois que vous avez développé une audience solide, vous pouvez commencer à monétiser votre contenu. Voici quelques possibilités de monétisation sur Instagram :

- Publicité sponsorisée : Collaborez avec des marques qui sont alignées avec votre niche et créez du contenu sponsorisé pour promouvoir leurs produits ou services.

- Partenariats d'affiliation : Rejoignez des programmes d'affiliation et recommandez des produits ou services à votre audience en échange d'une commission sur les ventes générées.

- Vente de produits ou services : Si vous avez votre propre ligne de produits ou offrez des services, utilisez Instagram pour les promouvoir et les vendre directement à votre audience.

En conclusion, devenir un créateur de contenu sur les plateformes de médias sociaux offre une opportunité passionnante de partager votre expertise, de construire une audience fidèle et de générer des revenus. Avec un budget limité, vous pouvez utiliser votre créativité et vos compétences pour créer un contenu attrayant et monétiser votre présence en ligne. N'oubliez pas de rester authentique, de vous engager avec votre audience et de continuer à évoluer et à améliorer votre contenu pour atteindre de nouveaux sommets en tant que créateur de contenu à succès.

Modèle 6 : Impressions à la demande

L'impression à la demande est une méthode innovante qui permet aux entrepreneurs de créer et de vendre des produits personnalisés sans avoir à gérer leur propre inventaire. Grâce à des plateformes en ligne spécialisées, vous pouvez concevoir et commercialiser une large gamme de produits, tout en laissant l'impression et l'expédition entre les mains des fournisseurs.

Exemple de produit : T-shirts personnalisés

Plateforme recommandée : Printful

Plan d'actions étape par étape

Étape 1 : Recherche et conception du produit

- Effectuez une recherche de marché pour identifier les tendances et les niches lucratives dans le domaine des t-shirts personnalisés.

- Concevez des motifs originaux et attrayants qui correspondent à votre public cible. Vous pouvez utiliser des logiciels de conception graphique tels qu'Adobe Illustrator ou Canva pour créer vos designs.

Étape 2 : Configuration de votre boutique en ligne

- Créez un site Web ou utilisez une plateforme de commerce électronique, telle que Shopify, pour configurer votre boutique en ligne.

- Intégrez la plateforme d'impression à la demande, comme Printful, à votre boutique en ligne. Cela vous permettra de connecter votre boutique aux services d'impression et de gérer facilement les commandes. Vous pourrez également vendre directement sur Printful.

Étape 3 : Ajout de vos designs et personnalisation des produits

- Téléchargez vos designs sur la plateforme d'impression à la demande. Assurez-vous de suivre les directives de conception spécifiques pour chaque produit.

- Personnalisez vos produits en ajustant les couleurs, les tailles, les styles et les emplacements d'impression selon les préférences de votre public.

Étape 4 : Définition des prix et de la marge bénéficiaire

- Évaluez les coûts d'impression, d'emballage et d'expédition pour déterminer les prix de vente de vos produits.

- Fixez une marge bénéficiaire raisonnable qui vous permettra de couvrir vos coûts et de réaliser un profit.

Étape 5 : Promotion de votre boutique et de vos produits

- Utilisez les médias sociaux, les blogs et les influenceurs pour promouvoir votre boutique en ligne et attirer du trafic qualifié.

- Créez du contenu attrayant, tel que des images, des vidéos et des témoignages, pour mettre en valeur vos produits et convaincre les clients potentiels.

Étape 6 : Gestion des commandes et service client

- Lorsqu'une commande est passée sur votre boutique en ligne, elle est automatiquement transmise à la plateforme d'impression à la demande.

- Assurez-vous de maintenir une communication claire avec vos clients, en les tenant informés de l'état de leur commande et en répondant rapidement à leurs questions ou préoccupations.

Étape 7 : Suivi des ventes et ajustement de votre stratégie

- Utilisez les outils d'analyse fournis par votre plateforme de commerce électronique pour suivre vos ventes, analyser les performances de vos produits et identifier les opportunités d'amélioration.

- En fonction des résultats, ajustez votre stratégie de produits, de marketing et de tarification pour maximiser vos chances de réussite.

L'impression à la demande offre une opportunité passionnante de créer et de vendre des produits personnalisés sans avoir à gérer un inventaire coûteux. En choisissant un produit populaire tel que les t-shirts personnalisés et en utilisant des plateformes spécialisées comme

Printful, vous pouvez facilement démarrer votre entreprise d'impression à la demande avec un budget limité. Suivez les étapes de ce plan d'actions et ajustez votre stratégie en fonction des besoins de votre marché pour maximiser vos chances de réussite.

Modèle 7 : Location de biens

Exemple de la location d'une tente de camping[1]

Une tente de camping de qualité peut être louée pour des événements en plein air tels que des festivals, des excursions en camping ou des fêtes dans le jardin.

Plateforme recommandée : Kiwiiz

Plan d'actions étape par étape

Étape 1 : Acquérir une tente de camping abordable

Recherchez des offres promotionnelles ou des ventes d'occasion pour trouver une tente de camping en bon état à un prix abordable. Vous pouvez vérifier les sites de petites annonces locales ou les groupes de vente en ligne.

Étape 2 : Créer une annonce sur Kiwiiz

Inscrivez-vous sur la plateforme de location en ligne Kiwiiz et créez une annonce détaillée pour votre tente de camping. Incluez des

---

[1] Que vous pouvez adapter à tout produit que vous avez chez vous et qui est très demandé.

informations sur sa taille, sa capacité d'accueil et les accessoires fournis.

Étape 3 : Fixer un tarif compétitif

Recherchez les tarifs de location des tentes de camping similaires sur Kiwiiz et fixez un prix compétitif pour attirer les locataires potentiels. Tenez compte de la durée de location et de la saisonnalité pour ajuster vos tarifs si nécessaire.

Étape 4 : Promouvoir votre annonce

Utilisez les médias sociaux, les groupes d'intérêt local et votre réseau personnel pour promouvoir votre annonce de location de tente de camping. Encouragez vos amis et votre famille à partager l'information.

Étape 5 : Gérer les réservations et la logistique

Répondez rapidement aux demandes de location et confirmez les réservations avec les locataires potentiels. Organisez la logistique de la remise et de la récupération de la tente de camping, en convenant d'un lieu de rendez-vous pratique pour les deux parties.

Étape 6 : Fournir un excellent service

Assurez-vous que la tente de camping soit propre et en bon état avant chaque location. Fournissez des instructions d'installation claires et des conseils pratiques pour une expérience de camping agréable.

Étape 7 : Collecter les paiements et gérer les évaluations

Utilisez la plateforme Kiwiiz pour faciliter les paiements et les transactions avec les locataires. Encouragez les locataires à laisser des évaluations et des commentaires positifs pour renforcer votre réputation sur la plateforme.

La location de biens tels qu'une tente de camping est une façon astucieuse de générer des revenus supplémentaires avec un budget limité. En suivant ce plan d'actions étape par étape, en utilisant la plateforme Kiwiiz et en fournissant un excellent service, vous pouvez commencer à louer votre tente de camping et maximiser vos chances de réussite. N'oubliez pas d'adapter vos tarifs en fonction de la demande saisonnière et de maintenir une bonne communication avec les locataires pour assurer une expérience de location positive.

Modèle 8 : Vente d'ebooks

Exemple de plateforme de vente: Amazon Kindle Direct Publishing (KDP)

Plan d'actions étape par étape

Étape 1 : Écrire votre ebook

Identifiez un sujet dans lequel vous avez une expertise ou une passion et rédigez un ebook de qualité. Assurez-vous qu'il soit bien structuré, bien écrit et apporte une valeur ajoutée aux lecteurs.

Étape 2 : Concevoir une couverture attrayante

Investissez une petite partie de votre budget dans la création d'une couverture professionnelle pour votre ebook. Vous pouvez utiliser des services en ligne tels que Canva pour créer une couverture accrocheuse et attirante.

Étape 3 : Éditer et formater votre ebook

Si vous n'êtes pas à l'aise avec l'édition et le formatage, envisagez de recruter un éditeur indépendant abordable pour polir votre texte et le rendre professionnel.

Étape 4 : Publier sur Amazon KDP

Inscrivez-vous sur la plateforme Kindle Direct Publishing (KDP) d'Amazon et téléchargez votre ebook. Suivez les instructions pour remplir les détails du livre, tels que le titre, la description, les catégories et les mots-clés pertinents.

Étape 5 : Prix de vente compétitif

Fixez un prix de vente compétitif pour votre ebook, en tenant compte de facteurs tels que la longueur, la qualité du contenu et les prix des ebooks similaires sur le marché. Veillez à générer des revenus suffisants tout en restant attractif pour les acheteurs potentiels.

Étape 6 : Promouvoir votre ebook

Utilisez les médias sociaux, les blogs, les forums et les newsletters pour promouvoir votre ebook. Partagez des extraits gratuits, organisez des concours ou des promotions pour attirer l'attention des lecteurs. N'hésitez pas à solliciter des avis et des commentaires pour renforcer la crédibilité de votre ebook.

Étape 7: Recueillir les avis et les commentaires

Encouragez les lecteurs à laisser des avis et des commentaires sur votre page de vente d'ebook. Des avis positifs aident à générer de la confiance et peuvent augmenter les ventes. D'ailleurs, je profite de l'occasion pour vous encourager à me laisser un avis et un commentaire sur Amazon, pour booster mon livre et permettre à quelqu'un comme vous de le lire. Et si vous alliez jusqu'à partager le lien sur vos réseaux sociaux? Je vous en remercie d'avance!

Étape 8 : Analyser les données de vente

Utilisez les outils fournis par Amazon KDP pour suivre les ventes, les téléchargements gratuits et les classements de votre ebook. Utilisez ces données pour ajuster votre stratégie de marketing et améliorer votre ebook au besoin.

Avec un budget de 30 euros, il est tout à fait possible de publier et de vendre des ebooks. En suivant ce plan d'actions étape par étape et en utilisant la plateforme Amazon Kindle Direct Publishing (KDP), vous pouvez commercialiser votre ebook et atteindre un large public de lecteurs. N'oubliez pas de promouvoir activement votre ebook, de recueillir des avis et des commentaires, et d'analyser les données de vente pour améliorer continuellement votre offre et maximiser vos chances de réussite.

Modèle 9 : Les services de conseil

Utiliser vos compétences et connaissances pour offrir des services de conseil dans votre domaine d'expertise.

Exemple de conseils à vendre : Conseils en marketing sur les réseaux sociaux

Plateforme recommandée : Fiverr

Plan d'actions étape par étape

Étape 1 : Définir votre domaine d'expertise

Identifiez un domaine spécifique du marketing sur les réseaux sociaux dans lequel vous avez des connaissances approfondies et une expérience pratique.

Étape 2 : Créer une offre de service claire et attrayante

Déterminez les types de conseils que vous pouvez offrir dans votre domaine d'expertise, tels que l'optimisation de profils sociaux, la création de contenu attractif ou la gestion de campagnes publicitaires. Créez une offre de service claire, décrivant les avantages et les résultats que vous pouvez offrir à vos clients potentiels.

Étape 3 : S'inscrire sur Fiverr

Créez un compte sur la plateforme de freelance Fiverr et configurez votre profil de vendeur. Mettez en valeur vos compétences, votre expérience et vos réalisations dans le domaine du marketing sur les réseaux sociaux.

Étape 4 : Fixer un prix compétitif

Déterminez un prix de base abordable pour vos services de conseils en marketing sur les réseaux sociaux, en tenant compte de votre expérience et de la valeur que vous apportez à vos clients. Vous pouvez également proposer des options supplémentaires ou des forfaits à des prix différents pour répondre aux différents besoins des clients.

Étape 5 : Créer des exemples de travail

Pour démontrer votre expertise, créez des exemples de travail concrets, tels que des captures d'écran de campagnes publicitaires réussies ou des exemples de contenu viral que vous avez créé. Incluez-les dans votre profil Fiverr pour renforcer votre crédibilité.

Étape 6 : Promouvoir votre service

Utilisez les médias sociaux, votre réseau professionnel et les forums spécialisés pour promouvoir votre service de conseils en marketing sur les réseaux sociaux. Partagez des conseils gratuits, des astuces ou des études de cas pour attirer l'attention des clients potentiels.

Étape 7 : Offrir un excellent service client

Répondez rapidement aux demandes des clients potentiels et fournissez des conseils de haute qualité. Soyez professionnel, courtois et réactif tout au long du processus de conseil pour garantir la satisfaction de vos clients.

Étape 8 : Obtenir des avis et des commentaires

Encouragez vos clients satisfaits à laisser des avis et des commentaires positifs sur votre profil Fiverr. Les avis positifs contribueront à renforcer votre réputation et à attirer de nouveaux clients.

Avec un budget de 30 euros, vous pouvez offrir des services de conseils en marketing sur les réseaux sociaux sur des plateformes comme Fiverr. En suivant ce plan d'actions étape par étape, en mettant en valeur votre expertise et en fournissant un excellent service client, vous pouvez attirer des clients et générer des revenus grâce à vos conseils en marketing sur les réseaux sociaux.

Modèle 10 : La création de produits artisanaux

Exemple de produit à créer : Bougies parfumées

Plateforme recommandée: Etsy

Plan d'actions étape par étape

Étape 1 : Définir votre concept

Décidez du type de bougies que vous souhaitez créer (par exemple, bougies en pot, bougies votives, bougies en forme de fleurs, etc.) et choisissez les parfums que vous utiliserez.

Étape 2 : Acheter le matériel nécessaire

Utilisez une partie de votre budget pour acheter les fournitures de base telles que la cire de soja, les mèches, les contenants, les colorants et les fragrances. Vous pouvez trouver ces fournitures dans des magasins spécialisés ou en ligne.

Étape 3 : Créer vos bougies

Faites fondre la cire selon les instructions du fabricant, ajoutez les colorants et les fragrances, et versez la cire dans les contenants avec les mèches. Laissez les bougies durcir et refroidir complètement. Attention à ne pas vous brûler.

Étape 4 : Concevoir et créer des étiquettes attrayantes

Si vous êtes limités dans le budget, vous pouvez commencer en écrivant à la main et vous ferez des étiquettes plus tard. Si vous en avez les moyens, utilisez une partie de votre budget pour concevoir et imprimer des étiquettes professionnelles pour vos bougies. Assurez-vous qu'elles représentent votre marque et ajoutent une touche esthétique à vos produits.

Étape 5 : Créer une boutique en ligne sur Etsy

Inscrivez-vous sur la plateforme Etsy et créez une boutique en ligne pour vendre vos bougies parfumées. Téléchargez des photos de haute qualité de vos produits, ajoutez des descriptions détaillées et fixez des prix compétitifs.

Étape 6 : Promouvoir vos bougies

Utilisez les médias sociaux, les blogs et les plateformes de marketing en ligne pour promouvoir vos bougies parfumées. Partagez des photos attrayantes, organisez des concours ou des offres spéciales pour attirer l'attention des clients potentiels.

Étape 7 : Emballage et expédition

Emballez soigneusement vos bougies dans des matériaux protecteurs pour éviter les dommages pendant l'expédition. Assurez-vous d'offrir une expérience d'ouverture de colis agréable pour vos clients.

Étape 8 : Fournir un excellent service client

Répondez rapidement aux questions et aux demandes des clients. Offrez un service client de qualité et assurez-vous que vos clients sont satisfaits de leurs achats.

Avec un budget de 30 euros, vous pouvez créer et vendre des bougies parfumées artisanales sur des plateformes comme Etsy. En suivant ce plan d'actions étape par étape, en utilisant des matériaux de qualité, en créant des étiquettes attrayantes et en fournissant un excellent service client, vous pouvez attirer des clients et générer des revenus grâce à vos bougies parfumées. Soyez créatif, mettez en valeur votre savoir-faire artisanal et offrez des produits de qualité pour différencier votre marque sur le marché.

CHAPITRE 4 : MAXIMISER VOS REVENUS ET VOTRE CROISSANCE

Dans ce chapitre, nous allons explorer des stratégies et des techniques pour maximiser vos revenus et stimuler la croissance de votre entreprise, même avec un budget initial limité. Que vous ayez déjà lancé votre entreprise ou que vous soyez en train de planifier son lancement, ce chapitre vous fournira des idées pratiques et des conseils pour augmenter vos revenus et atteindre vos objectifs financiers.

Nous aborderons des sujets tels que la diversification de vos offres, l'expansion de votre clientèle, l'optimisation de votre stratégie de tarification, et bien plus encore. Que vous soyez un entrepreneur débutant ou que vous cherchiez à développer une entreprise existante, les principes discutés dans ce chapitre vous seront utiles pour augmenter votre rentabilité et créer une base solide pour la croissance future.

Il est important de comprendre que la maximisation des revenus ne se limite pas à générer plus de ventes. Cela implique également d'optimiser vos coûts, d'explorer de nouvelles opportunités de revenus, et de créer une proposition de valeur irrésistible pour vos clients. Tout cela peut être accompli avec une approche stratégique et en exploitant au mieux les ressources dont vous disposez.

Que vous soyez un entrepreneur avec un budget limité ou que vous souhaitiez simplement tirer le meilleur parti de vos ressources financières, ce chapitre vous guidera à travers différentes stratégies et tactiques pour maximiser vos revenus et accélérer votre croissance. Préparez-vous à découvrir des idées innovantes et des conseils pratiques qui vous permettront de faire passer votre entreprise au niveau supérieur.

Alors, préparez-vous à explorer les méthodes éprouvées et les meilleures pratiques pour maximiser vos revenus et votre croissance. Que vous choisissiez de mettre en œuvre une ou plusieurs de ces stratégies, vous serez armé(e) avec les connaissances nécessaires pour prendre des décisions éclairées et avancer vers le succès financier que vous méritez.

Comment réinvestir vos bénéfices pour développer votre entreprise ?

Réinvestir vos bénéfices pour développer votre entreprise est une stratégie essentielle pour assurer sa croissance à long terme. Cela implique de réallouer une partie de vos bénéfices plutôt que de les retirer pour un usage personnel. Dans ce chapitre, nous allons explorer les différentes façons de réinvestir intelligemment vos bénéfices afin de stimuler le développement et l'expansion de votre entreprise. Voici quelques exemples concrets de la manière dont vous pouvez réinvestir vos bénéfices :

- *Améliorer votre infrastructure et vos équipements*

En investissant dans de meilleurs outils, technologies et équipements, vous pouvez améliorer l'efficacité de votre entreprise et augmenter votre capacité de production. Par exemple, si vous faites de la livraison de repas à domicile, vous pourriez réinvestir dans une nouvelle cuisine équipée de matériel de pointe pour accélérer la préparation des plats et offrir une meilleure expérience à vos clients.

- **Renforcer votre équipe**

Un bon personnel est un atout précieux pour toute entreprise. En réinvestissant vos bénéfices dans le recrutement, la formation et le développement de votre équipe, vous pouvez renforcer vos compétences internes et offrir un meilleur service à vos clients. Par exemple, une entreprise de services informatiques pourrait réinvestir dans la formation de ses employés pour qu'ils acquièrent de nouvelles compétences techniques.

- **Développer les efforts de marketing**

La promotion et la publicité sont essentielles pour attirer de nouveaux clients et développer votre entreprise. En réinvestissant dans votre stratégie marketing, vous pouvez étendre votre présence en ligne, lancer des campagnes publicitaires ciblées et développer des partenariats marketing. Par exemple, une boutique de vêtements en ligne pourrait réinvestir ses bénéfices dans des publicités sur les réseaux sociaux pour atteindre un public plus large.

- **Recherche et développement**

En réinvestissant dans la recherche et le développement, vous pouvez innover et développer de nouveaux produits ou services qui répondent aux besoins changeants du marché. Par exemple, une entreprise technologique pourrait réinvestir dans la recherche pour développer une nouvelle fonctionnalité ou une version améliorée de son produit existant.

- **Expansion géographique**

Si votre entreprise connaît du succès dans une région particulière, vous pourriez envisager de réinvestir vos bénéfices pour étendre vos activités dans de nouveaux marchés géographiques. Par exemple, une entreprise de restauration rapide livrable pourrait réinvestir dans l'ouverture de nouvelles succursales dans d'autres villes ou pays.

- **Acquisitions et partenariats stratégiques**

En réinvestissant dans des acquisitions ou des partenariats stratégiques, vous pouvez accélérer la croissance de votre entreprise en tirant parti des compétences complémentaires et des synergies avec d'autres acteurs du marché. Par exemple, une entreprise de mode pourrait réinvestir dans l'acquisition d'une marque de vêtements connue pour étendre sa portée et diversifier son offre.

Il est important de noter que chaque entreprise est unique et que les opportunités de réinvestissement peuvent varier en fonction de votre industrie, de votre marché cible et de votre positionnement. L'essentiel est de prendre des décisions éclairées en tenant compte de votre stratégie globale et des besoins spécifiques de votre entreprise. En réinvestissant intelligemment vos bénéfices, vous pouvez créer une base solide pour la croissance continue et le succès à long terme de votre entreprise.

Trouver des financements supplémentaires pour développer votre entreprise

Dans la partie précédente, nous avons exploré comment réinvestir vos bénéfices pour développer votre entreprise. Cependant, il est souvent nécessaire de trouver des financements supplémentaires pour soutenir une croissance plus rapide ou pour des projets d'expansion ambitieux. Dans ce chapitre, nous allons explorer différentes sources de financement disponibles, vous donnant les outils nécessaires pour trouver les fonds dont vous avez besoin pour développer votre entreprise.

- *Auto-financement et gestion prudente des ressources*

Supposons que vous avez une entreprise de vente en ligne de produits artisanaux. Vous pouvez adopter des pratiques de gestion prudente des ressources, telles que la réduction des coûts d'approvisionnement en recherchant des fournisseurs moins chers, l'optimisation des processus logistiques pour réduire les frais d'expédition, et la minimisation des dépenses superflues. En maximisant votre rentabilité et en conservant une partie de vos bénéfices, vous pouvez réinvestir ces fonds dans le développement de nouveaux produits, l'amélioration de votre site web ou le renforcement de votre marketing.

- **Les financements externes traditionnels**

Supposons que vous souhaitez ouvrir une boutique physique pour compléter votre activité de vente en ligne. Pour financer cette expansion, vous pouvez vous tourner vers une banque pour obtenir un prêt commercial. En préparant un plan d'affaires solide et en démontrant la viabilité de votre entreprise, vous pouvez convaincre la banque de vous accorder un financement. Vous utiliserez ensuite ces fonds pour couvrir les coûts de location, d'aménagement du magasin, d'inventaire initial, et de marketing local.

- **Les financements alternatifs et innovants**

Vous avez développé une application mobile innovante et souhaitez obtenir des financements pour accélérer sa mise sur le marché. Vous pouvez lancer une campagne de crowdfunding sur une plateforme renommée. En créant une vidéo attrayante, en expliquant clairement les avantages de votre application et en offrant des récompenses attractives aux contributeurs, vous parviendrez à collecter les fonds nécessaires pour finaliser le développement de l'application, la commercialiser et l'améliorer grâce aux retours des utilisateurs.

- *La gestion des relations avec les investisseurs*

Vous pouvez présenter votre entreprise à un groupe d'investisseurs providentiels lors d'un événement de réseautage. Si vous réussissez à attirer l'attention d'un investisseur qui souhaite soutenir votre expansion, entretenez une relation étroite avec cet investisseur en organisant régulièrement des réunions pour partager les progrès de votre entreprise, discuter des défis et des opportunités, et établir des objectifs communs. Grâce à cette relation solide, vous êtes en mesure de bénéficier de conseils précieux, de contacts stratégiques et éventuellement de financements supplémentaires pour de futurs projets.

Trouver des financements supplémentaires est souvent essentiel pour développer votre entreprise au-delà de vos ressources initiales. Ce chapitre vous a fourni un aperçu des différentes sources de financement disponibles, ainsi que des stratégies et des conseils pratiques pour les obtenir. Que vous choisissiez de vous auto-financer, de rechercher des financements traditionnels ou d'explorer des sources alternatives, gardez à l'esprit que chaque approche a ses avantages et ses défis.

Diversifier vos sources de création de richesse

Diversifier les sources de création de richesse est une stratégie essentielle pour développer ses richesses de manière durable. En se concentrant sur une seule source de revenus, on prend le risque de dépendre entièrement de celle-ci, ce qui peut être dangereux en cas de fluctuations du marché ou de difficultés rencontrées dans cette activité spécifique. En diversifiant, on réduit les risques et on crée un portefeuille de sources de revenus qui peuvent se compléter mutuellement.

Voici quelques exemples concrets de diversification des sources de création de richesse :

Bourse : Investissements dans différentes classes d'actifs

En diversifiant vos investissements, vous pouvez répartir votre risque entre différents types d'actifs tels que l'immobilier, les actions, les obligations, les matières premières, etc. Chaque classe d'actifs a ses propres caractéristiques et peut générer des rendements différents dans des conditions économiques variables.

Création d'entreprises multiples

Au lieu de vous concentrer sur une seule entreprise, vous pouvez envisager de créer plusieurs entreprises dans des domaines différents. Cela vous permet de tirer parti de différentes opportunités et de réduire les risques liés à une seule entreprise.

Revenus passifs

Explorez des moyens de générer des revenus passifs, tels que les investissements immobiliers locatifs, les dividendes d'actions, les droits d'auteur, les redevances de licences, etc. Ces sources de revenus peuvent continuer à vous rapporter de l'argent même lorsque vous n'êtes pas activement impliqué dans leur gestion.

Travail indépendant et freelance

Si vous avez des compétences ou des talents particuliers, vous pouvez envisager de travailler en tant qu'indépendant ou freelance dans votre domaine. Cela vous permet de diversifier vos clients et vos projets, et de générer des revenus supplémentaires en dehors de votre emploi principal.

Investissement dans l'éducation et le développement personnel

Investissez dans votre propre éducation et développement personnel pour acquérir de nouvelles compétences et connaissances. Cela peut vous ouvrir de nouvelles opportunités professionnelles et vous permettre de diversifier vos sources de revenus.

Création de produits ou services complémentaires

Si vous avez déjà une entreprise ou une activité établie, pensez à développer des produits ou services complémentaires qui peuvent être proposés à vos clients existants. Cela vous permet d'élargir votre offre et de générer des revenus supplémentaires en exploitant votre base de clients existante.

En diversifiant vos sources de création de richesse, vous vous donnez la possibilité de maximiser vos revenus, de minimiser les risques et de développer vos richesses de manière équilibrée. Cela nécessite une planification stratégique, une gestion financière prudente et une ouverture à de nouvelles opportunités. N'oubliez pas d'effectuer des recherches approfondies, de prendre des décisions éclairées et de rester adaptable dans votre approche pour tirer le meilleur parti de chaque source de revenus.

Conclusion

Nous avons exploré 10 modèles d'entreprise détaillés, chacun offrant des opportunités uniques pour créer de la richesse et atteindre le succès financier.

Dans ce livre, nous avons souligné l'importance de la gestion financière dès le début, en mettant l'accent sur la nécessité de développer un état d'esprit entrepreneurial et de reconnaître vos compétences et passions pour choisir le bon modèle d'entreprise. Nous avons également discuté des erreurs courantes à éviter lors de l'investissement avec un capital initial limité.

De plus, nous avons examiné différentes stratégies pour réinvestir vos bénéfices et développer votre entreprise, en mettant en évidence des exemples concrets et des étapes pratiques pour diversifier vos sources de revenus. Que ce soit par l'investissement en bourse, la création de contenu en ligne, la location de biens ou la vente de produits artisanaux, ce livre vous donne les outils nécessaires pour maximiser vos chances de réussite.

Enfin, nous avons abordé l'importance de la persévérance, de l'apprentissage continu et de l'adaptabilité dans le parcours entrepreneurial. Le chemin vers la réussite peut être semé d'obstacles, mais avec les bonnes connaissances, les compétences appropriées et une attitude résiliente, vous pouvez surmonter les défis et atteindre vos objectifs financiers.

Que vous soyez un entrepreneur débutant à la recherche d'idées inspirantes ou un investisseur souhaitant maximiser vos ressources limitées, ce livre vous offre un guide pratique et motivant pour démarrer et développer votre entreprise avec succès.

N'oubliez pas que chaque voyage entrepreneurial est unique, et vous êtes le maître de votre propre destin financier. Utilisez ce livre comme une ressource pour vous inspirer, acquérir des connaissances et prendre des décisions éclairées, mais surtout, mettez en pratique ce que vous avez appris.

Que votre aventure entrepreneuriale soit fructueuse et passionnante, et que vous puissiez réaliser vos rêves de liberté financière en commençant avec seulement 30 euros.

BONNE CHANCE ET BON VOYAGE
VERS LA CRÉATION DE RICHESSES
DURABLES !